AF338874

NOTICE BIOGRAPHIQUE

SUR

JEHAN FOUCQUET

PAR

A. VAISSIÈRE.

SAINT-CLAUDE

IMPRIMERIE DE Vᵉ ÉNARD.

1868

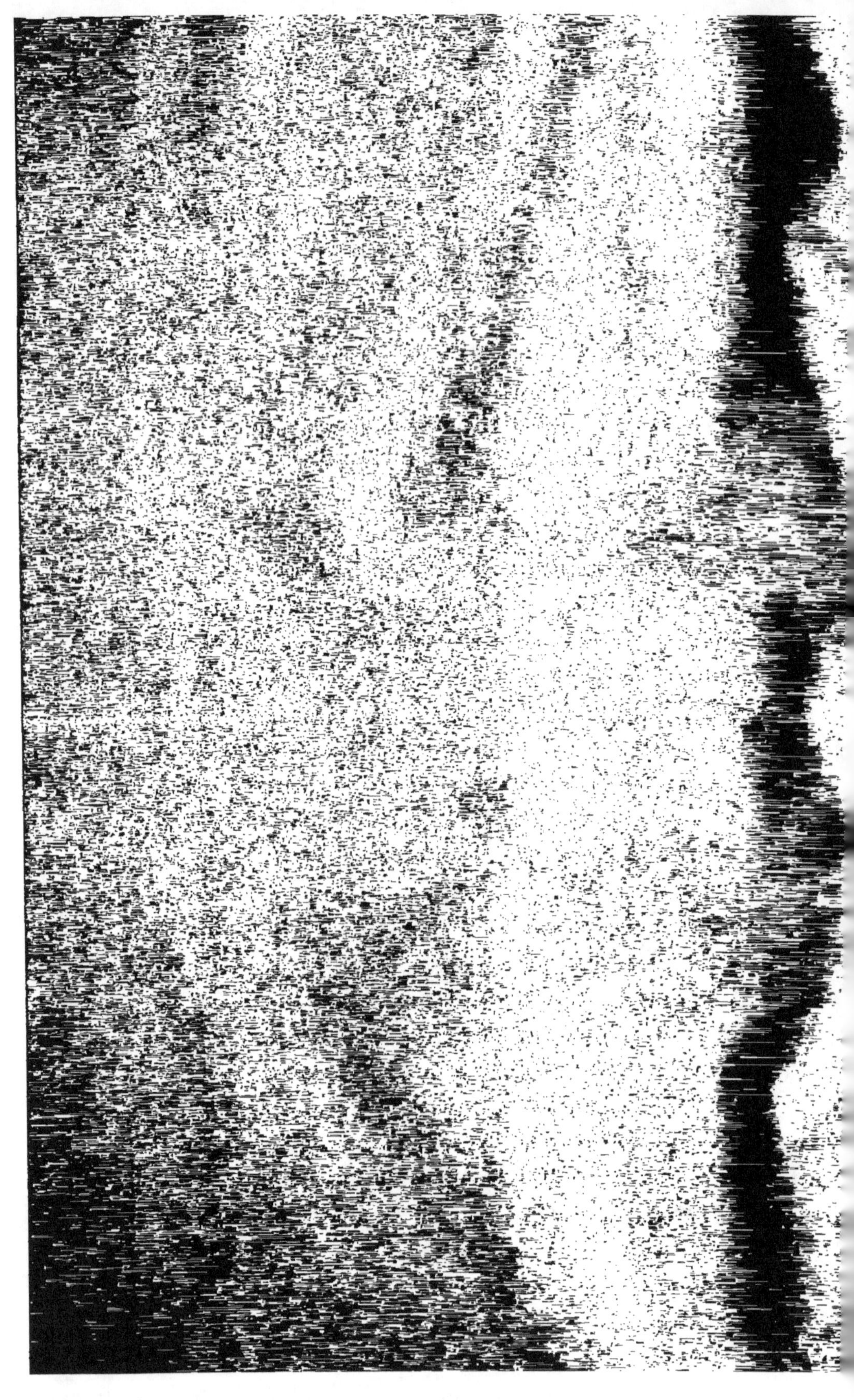

NOTICE BIOGRAPHIQUE

SUR

JEHAN FOUCQUET

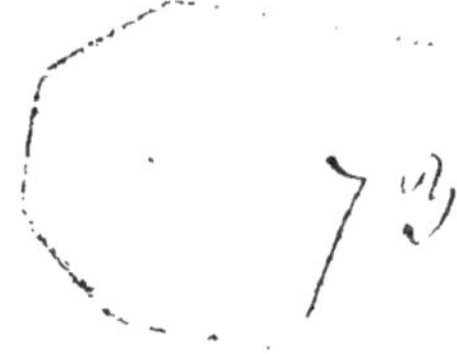

A l'aurore de la Renaissance, lorsque le gracieux mysticisme et la pieuse simplicité du moyen-âge commencent à faire place aux compositions plus variées et plus savamment combinées de l'âge suivant, vivait en France un peintre digne précurseur des Léonard de Vinci et des Raphaël. Il se nommait Jehan Foucquet.

A cette époque, l'art de la miniature enfantait des chefs-d'œuvre : il était parvenu à son apogée.

Conservé de même que l'étincelle de la science au fond des cloîtres, il avait traversé sous la garde des moines la première partie du moyen-âge, et lorsque le calme fut entièrement rétabli dans l'empire d'Occident, précédé de sa compagne, il sortit de sa retraite et se répandit au-dehors. Mais avant de lui laisser reprendre son essor, les moines lui avaient donné une impulsion nouvelle, qui le transforme entièrement. En d'autres termes, ils l'avaient dirigé vers le beau surnaturel, en lui imprimant le cachet de l'idéal chrétien.

Ces intelligents et consciencieux dépositaires de tous les trésors scientifiques et littéraires travaillaient avec une ardeur infatigable à augmenter leurs riches bibliothèques. Dans chaque monastère, dans chaque école, sont établis de véritables ateliers de calligraphie où travaillent en grand nombre des religieux exclusivement chargés de la transcription des manuscrits.

Celui-ci reproduit le texte, celui-là est chargé des majuscules, enfin cet autre plus habile peint, en tête des chapitres dans l'intérieur des lettres et sur les marges, de ravissantes compositions et des encadrements merveilleux qui font de chaque volume une œuvre d'art inestimable.

En effet, quoi de plus gracieux et de plus naïf que toutes ces miniatures qu'on rencontre à chaque page dans les anciens manuscrits ? On est partout étonné de la facilité avec laquelle l'artiste traduit à l'aide de son pinceau les sentiments qu'il veut exprimer. On voit qu'il semble se jouer des difficultés, cette page diffère complètement de cette autre page, les encadrements les plus compliqués se rencontrent partout et ne se reproduisent jamais ; en un mot l'imagination de ces *enlumineurs* est inépuisable.

Ainsi, la miniature, de même qu'un pèlerin qui laisse passer l'orage avant de continuer sa route, avait puisé de nouvelles forces au fond de sa retraite, et lorsqu'elle reparut, ainsi que les peuples chez lesquels elle allait se répandre, elle était pleine de force et de vie. Elle s'élance donc sur les traces de la science, sa compagne, et elles ne tardent pas à se produire partout ensemble.

C'est alors qu'on vit des *enlumineurs* de profession se rassemblant dans les grandes villes, fonder des écoles de peinture ; les maîtres les plus habiles forment des élèves qui, devenus maîtres, forment à leur tour d'autres élèves, et c'est ainsi que les traditions se perpétuent d'âge en âge.

Telle est l'origine de l'école Française.

Sur la fin du moyen-âge, ses peintres portent encore le nom d'*enlumineurs;* mais bientôt l'imprimerie viendra reléguer pour longtemps l'art du calligraphe : alors la peinture s'exécutera sur une plus grande échelle, surtout lorsque la découverte de Jean de Bruges aura aplani toute difficulté. L'école Française, alors abandonnant son caractère propre, s'élancera sur les traces des maîtres de la Renaissance italienne.

II.

Tours, au quinzième siècle, était une ville éminemment artistique. Depuis longtemps existait dans son sein une école d'*enlumineurs*. C'est de cette école que s'élançait, environ soixante ans avant Raphaël, un peintre original qui conserve encore en partie la piété, le charme et la candeur du moyen-âge, et qui déjà possède le relief et la variété d'expressions de la Renaissance. Ce peintre, qui nous montre que la France, au lieu d'avoir suivi de loin cette transformation des arts, l'a vu s'opérer dans son sein, nous l'avons nommé précédemment.

Jehan Foucquet naissait à Tours en 1415 ou 1420. Le commencement de sa vie nous est à peu près inconnu. Ses premiers essais attirèrent sans doute l'attention ; on apprécia sa manière, et son habileté pour le portrait ne tarda pas à le rendre célèbre.

Le victorieux Charles VII, après avoir reconquis son royaume, comme un autre Auguste prit les arts sous sa protection ; le peintre tourangeau lui fut présenté par son grand trésorier maistre Etienne Chevalier, le principal *Mécène* de Jehan Foucquet, où bien, ce qui est encore probable, par Agnès Sorel, qui dans ce temps jouissait d'une puissante influence.

Les premiers ouvrages qu'il exécuta à la cour furent sans doute des portraits ; il était devenu tellement habile dans ce genre que le pape Eugène IV le fit venir à Rome uniquement pour lui faire peindre le sien. Florio Francesco, un Italien, un contemporain de Giotto et de Cimabue, qui avait vu ce portrait dans l'église de la Minerve, et qui plus tard visitait en amateur les trésors de la cathédrale de Tours, ne craint pas d'assimiler le peintre français aux plus grands peintres de l'antiquité. « Quand je compare, dit-il, les images des anciens temps avec les modernes, je suis frappé de la supériorité de Jehan Foucquet sur les peintres des siècles antérieurs. Oui, l'homme dont je parle, Jehan Foucquet, peintre de Tours, a surpassé par l'habileté de son art non pas seulement ses contemporains, mais tous les anciens. Que l'antiquité vante Polignote, qu'on glorifie Apelles, pour moi je serais content de mon partage si j'étais capable d'atteindre à la hauteur des œuvres qu'a exécutées son pinceau, et n'allez pas croire que ce soit là une fiction poétique, vous pouvez prendre un avant-goût du génie de ce maitre en notre église de la *Minerve*, pour peu que vous examiniez avec attention le portrait du pape Eugène, peint sur toile : l'auteur était bien jeune encore, et pourtant avec quelle vérité, avec quelle puissance d'illusion il a rendu son personnage ? Croyez-moi, je ne dis rien de trop, ce Foucquet a véritablement le talent de donner la vie à ses figures par la magie de son pinceau et de renouveler le miracle de Prométhée (1). »

Vasari, dans son histoire des peintres italiens, parle aussi d'un portrait de Charles VII, qui se voyait de son temps sur les murs du Vatican. Les termes dont il se sert pour en faire l'éloge rappellent ceux de Florio Francesco. « *C'est, dit-il, une tête peinte d'après nature, si belle et si bien traitée que la parole seule lui manque pour être vivante.* » L'historien, il est vrai, ne désigne pas l'auteur du ta-

---

(1) Traduc. de M. Saint-René Taillandier.

bleau par son nom ; mais quel autre que Jehan Foucquet aurait pu peindre d'après nature un portrait de Charles VII ? On ne voit nulle part qu'un peintre italien soit venu en France et se soit présenté à la Cour à cette époque, et il est tout naturel, du reste, que Jehan Foucquet, en se rendant à Rome, ait emporté avec lui son portrait de Charles VII, pour le reproduire sur les murs du Vatican. Il exécuta également sur ces mêmes murs d'autres peintures que soixante-dix ans plus tard Jules II faisait effacer afin de livrer un vaste champ au pinceau de Raphaël. Le *Sanzio*, avant de détruire les œuvres du vieux maître, les fit recopier par ses élèves. C'est encore un éloge que le grand peintre de la Renaissance rendait au maître tourangeau.

III.

Jehan Foucquet aurait pu rester, sous ce beau ciel d'Italie, où il avait puisé quelque chose de cette noblesse qui le distingue des maîtres flamands de son époque et qui, jointe à l'énergie qui lui est particulière, donna à son génie toute son originalité ; mais il n'avait pas oublié sa Touraine, et en 1445, il rentrait en France et dans sa chère ville de Tours. Là, il épousa une compatriote, dont le nom n'est pas parvenu jusqu'à nous. Deux fils, Louis et François, furent les fruits de cette union : leur père voulut qu'ils fussent peintres ; il leur enseigna, lui-même, son art et leur transmit en partie son talent et sa manière, tellement qu'on les confondit parfois avec lui. Du reste, maistre Estienne Chevalier, ne tarda pas à faire appeler Jehan à la cour de Charles VIII, où il remplissait lui-même, comme nous l'avons dit plus haut, la charge de *Grand argentier*. Amateur passionné et généreux, il se rendit célèbre, non-seulement par son administration et sa politique, mais aussi par la protection qu'il accorda aux savants et aux artistes. Ce noble rôle de protecteur a fait de lui en France un des principaux promoteurs de cette révolution universelle qu'on a coutume d'appeler la Renaissance.

Jehan Foucquet enrichit à son usage, de 42 miniatures, un livre d'heures, le plus beau fragment qui nous reste de ses ouvrages. Il *illustra* également, comme on dirait de nos jours, d'un grand nombre de compositions, un *Bocasse* qui fait actuellement partie de la bibliothèque de Munich. Mais nous donnerons plus loin une analyse détaillée de ses ouvrages.

Charles VII mourut en 1461. Louis XI, son successeur, qui, à l'exemple de son père, voulait se montrer le protecteur des arts et des sciences, afin de s'attacher entièrement Jehan Foucquet, le nomma son *peintre à titre d'office*. Ce prince soupçonneux et jaloux du pouvoir des grands, que Walter Scott et Casimir Delavigne ont si bien caractérisé, trouvait un double avantage dans l'élévation du peintre tourangeau ; car, d'une part, honorait le génie et en même temps en élevant un homme du peuple, il abaissait la noblesse. Quoiqu'il en soit le peintre était digne de l'honneur que lui faisait le monarque.

En 1474, pensant que ses prières à Notre-Dame-d'Embrun pourraient bien n'être pas suffisamment exaucées, et sa confiance en Coictier, son médecin, ayant diminuée de beaucoup, le craintif Louis XI jugea qu'il était temps de s'occuper de sa sépulture, et n'ignorant pas qu'il ne faut point laisser faire aux autres ce qu'on peut faire soi-même, il fit venir Michel Colomb, son statuaire et Jehan Foucquet, son premier peintre, et il leur commanda à chacun un modèle réduit de tombeau. Ce n'est pas là sans doute le seul ouvrage que notre peintre exécuta pour le monarque, car alors la charge de *peintre à titre d'office* eut été purement honorifique. Néanmoins aucun d'eux n'est parvenu jusqu'à nous. On voit seulement dans certains comptes de l'année 1475 cette note : « *A Jehan Foucquet, premier peintre du roi, pour entretenir son office.* »

On sait d'après des documents authentiques que quelques années auparavant on lui confia l'enlumineur d'un livre d'heures pour la duchesse d'Orléans, Marie de Clève, veuve du poétique Charles d'Orléans et mère de Louis XII. Ce livre existe-t-il encore ? C'est ce qu'on ne saurait dire. Dans la suite on parviendra peut-être à le retrouver ou au moins à en découvrir quelques fragments.

Il est probable que bien qu'ayant travaillé au tombeau de Louis XI, Jehan Foucquet le précéda dans la sépulture. N'étant pas certain de l'époque de sa mort, on la fixe de l'année 1470 à l'année 1475 ; il était alors âgé de soixante-cinq ou soixante-dix ans.

IV.

Après ce qu'on vient de lire, on se demande comment la mémoire d'un si grand artiste a pu tomber dans un si profond oubli. Sans doute, l'école Française, en étudiant les chefs-d'œuvre de la Grèce moderne, oublia son vieux Maistre pour ne s'occuper que de Raphaël, et Jehan Foucquet n'eut pas l'avantage d'avoir un Vasari qui conservât son nom aux générations suivantes. Certainement si la France avait eu ce Vasari, la mémoire du peintre tourangeau n'aurait pas été entourée de tant d'obscurité, et ses œuvres, conservées avec un saint respect, auraient toujours été regardées comme les *parchemins* de notre école.

Au commencement du XVIIe siècle, Gaignères et Montfaucon connurent quelques-unes de ses miniatures. Ce dernier a même reproduit dans son ouvrage sur *les monuments de la monarchie française* une des compositions du livre d'heures d'Estienne Chevalier. Mais depuis

1731, aucun n'auteur n'avait fait mention de Jehan Foucquet ; lorsqu'en 1831, M. le comte Auguste de Bastard, un enfant de la Touraine, vint nous révéler cette gloire de son pays.

Voici quelques fragments d'une lettre qu'il adressait dans ce temps à M. Paulin-Paris, au sujet du manuscrit des *Antiquités Judaïques* de la bibliothèque impériale de Paris :

« Quoique le faire de Foucquet, écrit-il, le rapproche de l'école Flamande, le style plus élevé de ses ouvrages et le goût de l'architecture qui s'y rencontre prouve qu'il a vu l'Italie et qu'il a fait de ses monuments une étude attentive. Sa manière d'ajuster est large et vraie, ses compositions sont ingénieuses et bien ordonnées ; il a plus de perspective aérienne et linéaire qu'aucun de ses devanciers, que pas un de ses contemporains et que beaucoup de ceux qui l'ont suivi ; enfin l'entente de clair-obscur ne lui est pas inconnue, et on se croirait avec lui au temps de Léon X et de François Ier, s'il n'avait conservé cette précieuse naïveté qui caractérise le Moyen-âge et qui donne parfois du charme à l'ignorance même. Chez lui, tout marche à l'action sans effort, sans manière ; les ajustements sont saisis d'après nature ; rien dans les plis ne contrarie la forme et le mouvement ; les têtes fines et vraies d'expression, sont d'une étonnante variété..... Digne prédécesseur de Léonard de Vinci, d'Albert Durer, d'Holbein et de Raphaël, Foucquet prend un vol si élevé, qu'on doit lui donner place parmi ces grands maîtres et le nommer désormais avec eux Et si l'on observe qu'au moment où le peintre de Louis XI nous apparaît ainsi dans toute la hauteur de son génie, — Léonard de Vinci, le plus ancien des quatre que je viens de citer, n'était pas encore né pour les arts, puisqu'il n'avait pas vingt ans, — on ne peut s'expliquer comment le nom de cet homme prodigieux, l'une des gloires de la France au XVe siècle, le chef d'une école célèbre, ne se montre ni dans les ouvrages consacrés à l'histoire de la peinture, ni dans ces nombreux recueils qui conservent inutilement le souvenir de tant de gens obscurs et de talents médiocres. »

Pourtant il faut le dire, cette manière plus hardie de traiter ses sujets enlève à Jehan Foucquet quelque chose de cette pureté et de cette naïveté qui font le charme des miniatures du XIVe et du XVe siècle, et on sent déjà que celui qui peignait la Vierge sous les traits d'Agnès Sorel, ne va pas toujours chercher ses inspirations à la source du plus pur idéal.

V.

La principale œuvre de Jehan Foucquet est le fameux livre d'heures de maistre Estienne Chevalier. Il se composait de quarante-deux miniatures, dont vingt-six se rattachaient à la vie de Notre Seigneur et à celle de la Sainte Vierge ; les seize autres rappelaient divers traits de la vie des saints. Ce manuscrit, conservé intact jusqu'à la Révolution de 1789, disparut à cette époque : une main vandale en déchira le texte et en dispersa les miniatures. Depuis cette époque, on n'avait plus entendu parler du chef-d'œuvre du maître tourangeau, lorsqu'en 1832 ou 1833, M. Georges Brentano, riche amateur allemand, passant à Bâle, apperçut dans la boutique d'un brocanteur un paquet de miniatures qui lui parurent assez belles ; s'en étant approché, il reconnait bientôt à la marque E. C. qu'elles portaient, qu'elles ont fait partie du célèbre livre d'heures d'Estienne Chevalier perdu pendant la Révolution. Il y en avait quarante. On les lui fit dix mille francs. Il les emporta. Depuis, un souverain d'Europe en a offert deux cent cinquante mille francs, et M. Louis Brentano, son fils, a refusé de les céder. A sa mort, elles iront enrichir le musée de Francfort-sur-le-Main, sa ville natale.

Deux autres manuscrits de Foucquet ont été conservés intacts jusqu'à ce jour. Le premier, *les antiquités judaïques* de Joseph, fait partie de la bibliothèque impériale de Paris, et le second, *les cas des hommes et femmes nobles et malheureux* de Bocasse, appartient à la bibliothèque de Munich. Un dernier ouvrage du peintre de la Touraine se voit au musée d'Anvers. C'est le fameux tableau où la Vierge est peinte sous les traits d'Agnès Sorel.

Toutes les compositions du peintre tourangeau sont pour nous autant de pages vivantes de l'histoire du siècle où elles furent peintes, car, par un anachronisme fréquent à son époque, Foucquet accoutre à la mode du temps tous les personnages dont le costume n'est pas traditionnel. C'est ainsi que, dans l'adoration des *Mages*, nous voyons, rangée en demi-cercle autour des trois rois, la fameuse garde écossaise revêtue de son armure aux trois couleurs. Auprès de Job, assis sur son fumier, sont groupés trois marchands de Tours, richement habillés, qui paraissent gloser un pauvre diable : tout est parfaitement rendu dans cette composition, et la résignation du patriarche et la douceur hypocrite de ses faux amis. Non-seulement les personnages sont pleins d'actualité, mais aussi les sites et les monuments qui forment le fond des scènes. C'est ainsi que dans la composition précédente, on aperçoit dans le lointain le donjon de Vincenne et le chêne vénérable sous lequel Saint Louis rendait la justice ; plus loin, c'est un château qu'attaquent et défendent de nombreux chevaliers, où Notre-Dame et ses deux tours, ou la Sainte-Chapelle, ou enfin quelque monument de l'époque. Par une autre particularité non moins heureuse, Foucquet nous a laissé dans ses miniatures les portraits de tous les personnages considérables de son temps.

Par exemple, dans cette seule composition, sur la tenue des états

de Vendôme, pour la condamnation du duc d'Alençon, la parfaite or-
donnance du sujet permet de distinguer près de trois cents figures
dont la plupart sont les portraits des seigneurs qui firent partie de
cette assemblée.

Dans l'adoration des Mages dont nous avons parlé plus haut, ce
sont Charles VII et ses deux frères qui viennent offrir l'or, l'encens et
la myrrhe au Roi des rois.

———

Telle est en abrégé la vie de ce peintre dont nous voudrions pouvoir
donner une idée plus complète. Le voile d'obscurité jeté sur son exis-
tence est tellement épais qu'il est presque impossible de pénétrer plus
avant dans son intimité. Nous pouvons donc nous écrier encore une
fois avec regret : Quel malheur que nous n'ayons pas eu un Vasari.

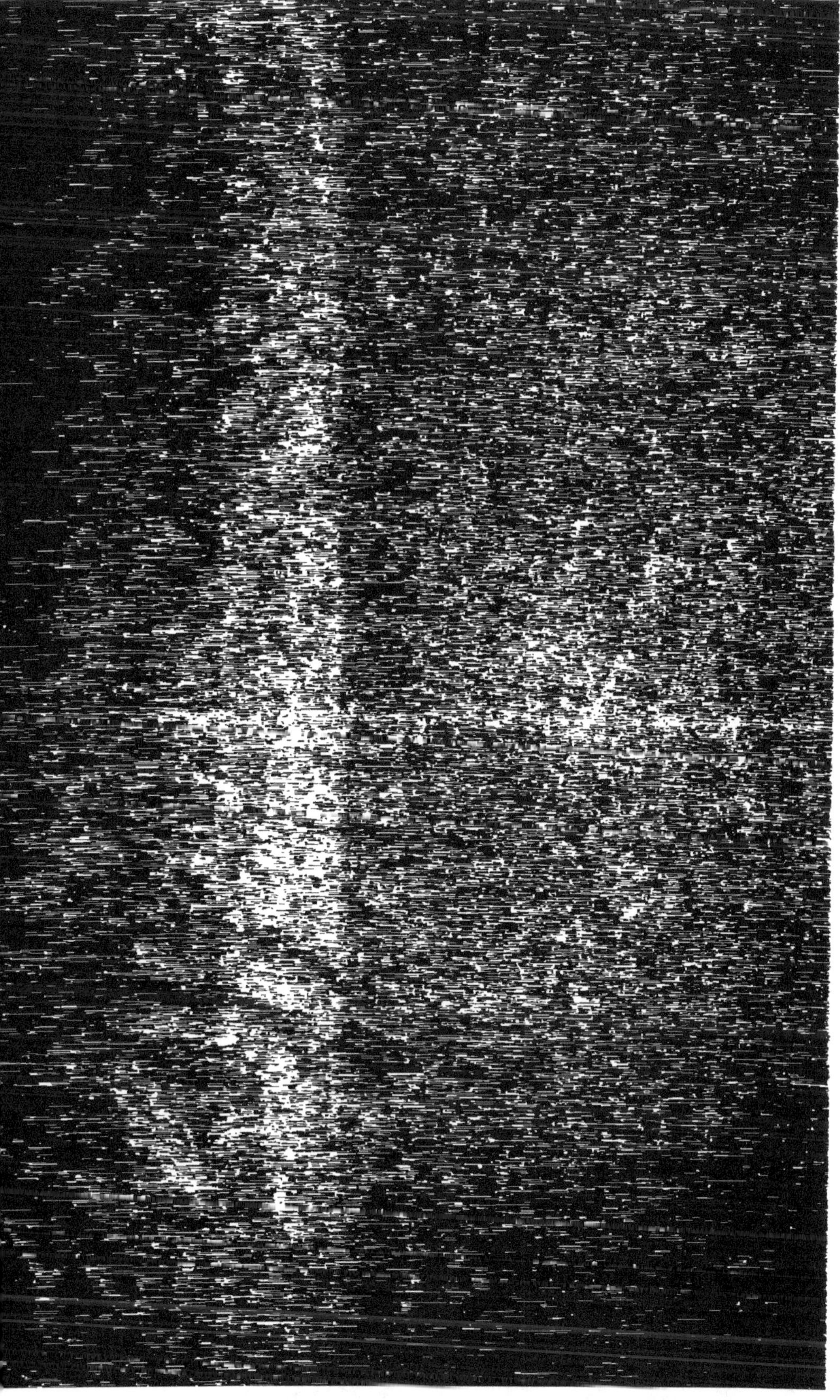